수신 두절

수신 두절

박이훈 시집

자서

잔잔해 질 바다를 꿈꾸며 수평선 저 편
밤새 머무는 파도가 있었다.
바다의 등 뒤에 이마 기대고 섰던 날들이
시詩를 향한 걸음마를 하면
너를 이름 지어
파도라 불리우게 하던
먼 길 너머 손짓을 기억할런지

2010년 7월에

차례

제2부

제3부

제4부

제1부

목록

하나, 서랍 속에 차곡차곡 쌓아두었던 용서치 않으리라 절망했던

기억들을 정리한다.

둘, 유리의 파편 마냥 꾹 찌르는 예리한 통증, 핏방울 없는 어지러운

아픔을 정리한다.

셋, 눈 꾹 감아도 새어나오는 언제까지나 부재인 우리들의 시간,

굳게 체념한

사랑조차 내버린다.

넷, 울지 않는다.

비에게

울지마 네 잘못이 아니야 작은 우산마저 없어 젖었을 뿐이야 우산의 행방을 찾을 수 없었던 거 뿐이야 어디서 우산을 파는지 몰랐던거야 네게 우산을 받쳐주지 않았다고 네가 아프다고 지나 간 시간들과 네 앞의 시간들이 우르르 달려와 발아래 무릎 꿇고 사죄라도 할 것 같니 선택의 결과일 뿐 어떤 뜻이 있어 여린 생명 하나로 풀잎 이슬 하나로 살아가는 지금 그러더라 오래 살 것이라 생각하지 마라 네 것이 있다고도 생각하지 마라 언젠가는 빈 손으로 그쳐야 하는데 울면서 걸어가 어쩌자고 제발 울지마 바보같이

수신 두절

길의 끝에서 강물 흐르는 소리 들렸다. 꿈속의 밤
묶여진 나룻배
바람에게
쏟아지는 비에게 물어 보았다. 속수무책
-닫을 곳이 없어
강에서 돌아와 다시 갇혀 본다. 방이다.
사각의 벽
사랑은 꽃이 될까? 배신의 뜰 앞에 선
목련 꽃나무를 무참히 흔들었다. 두 손으로 두 팔로
떨어지지 않으려던 싱싱한 꽃송이들
눈길도 주지 않던 꽃들이 이제는 저 맘대로 피고 있다.
-어디로 가는 거니? 누가 찾기라도 한 거니?
주파수,
그걸 정할 때 나는 몰랐어
-어디서 기다려야 해요? 오기는 하나요?
이제는 대답 하지마.

탑

기댈 곳 없었다 금오산 자락
하늘을 우러러
나신裸身으로 서 있는 너
눈길 한번 흔들림 없는
천 년의 꽃으로
절벽 한 모퉁이에 피어 있다
한숨소리 들리듯 꽃이 피고
인동초 꽃잎은 지고
쏟아져 내리는
그윽한 몸짓의 꽃 한 송이
놓아버릴 수 없던 애끊음도
절벽 한 너울에 서서
긴 침묵으로 숲을 세운다

낙화 1

달빛보다 순한 흔들림
자리자리 쓰다듬어 누이던
바람 곱던 날
깊었던 봄의 문고리 흔들어
환한 웃음 보퉁이
소란소란 불러내던 날
봄비 찾아 와
가슴이란 가슴 모두
딛고 가던 날
꽃이 아닌 꽃, 너

낙화 2

언제나 여운을 남길 수 만은 없는 것
기적소리 같은 통증이 떨구어지고 있다.
산허리 감싸며 떠나는 시간
석양이 가져다주는 평온과 기억의 타진
불빛에 흔들리는 아득한 혼수
구름, 낮은 안개가 깊은 골짜기를 걸어간다.
피어나기만 하지 못하는 겹겹의 잉태들도
주름진 바람이 닿는 언덕을 넘어
서러운 이름들로 떠나고
흩뿌리는 꽃비 속 갇힌 혼절
그대가 녹아 젖는 봄 밤

몽돌

날마다 껍질을 벗는
곡선의 나들이
천둥소리의 알이더라
해초 내음 딛고 오는 발길
파도가 보채고
네가 깊어가는
탄식소리
달빛으로 뒹구는 오늘

노을

통증이 없었다 둔탁한 비명이 혈관을 파열시켜 검붉게 응고 된 피멍 깊이 자리 잡은 발가락 그가 내게 준 건 신발이 아니라 상처가 꾸물거리는 고통이라는 것을 알았다 그 여름이 풀려나기 전 시작 된 발뒤꿈치의 통증은 그동안 지친 강물이 길을 잃고 헤매다 토해 낸 것인지도 모른다 결별의 길을 걸을 때마다 아파오던 발가락도 저 앞에서는 무통이었다 내가 그를 떠났을 때도 그랬다 발톱 두 개만큼의 아픔이 저만치 거리에서 무너지더니 생채기 사이로 작게 살아나는 새싹처럼 다시 꿈틀거리기 시작하였다 저문 밤 그가 주고 간 신발 끝의 풍경이 방황의 반대편으로 번져가고 있었다.

그리움

길 없는 곳까지 걸어 가
별이 되었다
거기 멈춘 하늘을 보노라면
어느새 내려와
가만히 앉는 침묵
지나는 시간 속에 그려진
풍경을 들여다본다.
망초꽃
찔레꽃
푸들푸들 흔들리는 입김

시詩에게

저만치 그대가 있습니다
뒷모습 보이지 않지만 여전히
그 자리에 있습니다
그러나 만나지 못합니다
있는 곳 가까이 느끼지만
언제나 갈 길 붙들면서
다시 저만치 바라보고 있네요
한 계절 쉬이 보내면서
아리도록 그리움이 차는
빈 하늘입니다

석양 1

섬을 만났네 가랑잎 단풍 고운 너를 만났네
뚝뚝 떨어지는 빗방울 발길로 저문 바람
걸어가는 어깨너머 훅훅 뜨거운 열기 삼키는
깊은 네 한숨 소리
젖어드는 끄떡 않는 고집 하나
눈빛 고운 너를 만났네

석양 2

해 진 뒤 울고 있네
이별 후 남은 사랑이
주저앉는 자리
핏빛 그리움을 저리
달래고 있네

우물

상처가 깊은 까닭은
그의 마음이 그 곳에 갇혀 있기 때문이다.
햇살이 드나들 수 없는
마음의 끝에서
수심水深 가득 내려지는
두레박

산책

제비꽃, 양지꽃, 민들레꽃
토끼풀꽃, 고들빼기꽃
가만가만
제 맘 다독이는 시간
낮은 언덕에 앉아
연분홍 수런거림을 듣는다
햇살 고운 한낮
미풍에 흔들리는 꽃잎
아련히 주저앉는 언어들
여념 없다.

새벽

그들의 침묵을 안다 아직 때가 아님을 알고
꽃송이 환하게 깊은 웃음 지을
저 문을 열고 비는 내릴런지
기를 쓰고 다가오려 드는 지칠 줄 모르는 날들
속앓이의 반란
이름만 다른 하늘과 바다와 땅
너와 나를 부르는 지평선 너머 붉은 포옹으로
휩쓰는 눈빛
등 뒤 세상에서 너를 안는다.

법고

두두둥 허공을 흔드는
그 순간
일어서는 산을 보았다
눈으로 보이지 않는
그가
더 멀어지기 전
옷자락의 끝
바람 속 풍경風磬마저
침묵하며 섰다

사랑보다 편한 것

사랑하는 것보다 더 행복한 것은
그리운 사람을 그리워 할 수 있다는 것

그리운 사람이
그리워하고 있을지도 모른다는 것

사랑한다는 것보다 더 마음 젖는 일은
지금 그를 그리워하고 있음이다

그리운 이를 그리워하고 있음이다

비 오는 밤

어디서부터 생겨난 시냇물 이어 강줄기던가
깊은 밤 소리 없이 흐르는 너
빗소리 무참히 흘러내리고
엄마께 전화를 한다

새벽 4시
충분히 서러움 사무친 시간 홀로 계신 노모
토끼처럼 놀란 목소리로
무슨 일이 있나?
아니 엄마
그냥 잠이 안와서

전해 오는 목소리

어서 자거라
스트레스 받으면 병 생긴다
아니 엄마

스트레스 안받아
그냥 잠이 안와서

푸카키 호수에서

일만 오천걸음을 걸었다
어디로도 갈 줄 모르는 호수와 떠날 줄 모르는 시간
마지막 한 걸음이 맨 나중의 나를 바라보았다
감아도 뜬 눈동자 속을 질주하듯 내리는 폭우 누가 문을 닫았는지
수평선도 지평선도 까마득한 원시原始
수풀림선線 언덕 위 빨간 집들
너무 멀리 왔다 떠나온 것에 대한
남겨놓은 것에 대한
그건 호수 같은 거

* 푸카키 호수: 뉴질랜드 남섬의 호수

시간의 모래*

그것은 운명이었다
인간의 인연을 연결하는 태고太古의 소명召命
성스러운 도시와 모든 걸 잃어 버렸을 때의 발걸음
사막 위의 한 떨기 선인장
한 움큼 모래로 되돌아간 시간은 과거의 꿈을 바꿀 수 있었다
'운명은 인간이 만드는 거요'
태고의 소망은 인간이 꿈을 잃지 않는 거

*영화 〈페르시아 왕자〉 중에서

샤워*

밥을 먹으며
꼭꼭 씹지 못한 너를 삼킨다
그 화안한 배고픔으로

지하철을 타면
비는 따라 오지 않잖아

그거 알아
빠르다는 그 사실
변명만일 수도 있거든

걸어가자고 했다
느린 걸음으로
미소 한 줌 가지자고 했다

밥을 먹으며
울컥 삼킨 통증 하나

빗소리에 씻겨 내리고 있다

*샤워: 자주 내리는 소낙비를 일컬음

제2부

그 집

그녀는 작은 집에 묻혀 지독한 몸살을 자주 앓았다 여린 가지에 나뭇잎 하나 파르르 떨도록 소문 없는 바람이 불면 떨어진 상처 혼곤하던 그 집 몇 센티미터의 깊은 상처에 시달리며 내는 신음소리 조차 들리지 않던 하얀 눈물 씻어 내린 눈빛 파리한 나무 112, 119 누구 거기 없나요 여기 한그루 나무 안아줄 나무 없나요 나무의 뿌리, 나무의 가지, 잎 어디서부터 치료해야 하나요 부러진 가지부터 이어 주세요 모질게도 질긴 뿌리를 껴안고 바람의 시간들이 촘촘히 박혔던 그 집, 머리부터 수액을 공급받아야 했던 그 나무 이어진 또 하나의 상처 그 집에는 이제 치료받지 않아도 될 남은 것이 없습니다.

우는 바다

거대한 발길질
부서지고 말듯 거친 숨소리
재울 길 없는 몸짓
석 잔 술에 취한
눈빛 시린 설야의 강릉 앞바다가
비틀대며 걷는다
달려오는 검푸른 몸부림
밤새워 모래숲을 덮던
분노의 통곡
침몰하는 바다의 눈물 모래위에 부어대며
저 혼자 스러지는
파도, 그의 일기장

노을 빛 까치밥

그대 가슴 속
천 길 낭떠러지 있어
일어나지 않는 바람 한 점 있어
이 겨울
가랑잎 뒹구는 산사
노을빛 까치밥
너무 깊은 것인가
품지 못한 그리움
그대 설움이
아픈 겨울을 저리 매달고 섰다

불면

—지하철 1호선 근처

용이 되지 않을 거대한 이무기 한 마리 수많은 인질을 거두고 머리 위를 지나간다. 채 벗지 못한 겨울 옷자락들 굽이도는 몸짓 갇힌 공간 "나 지금 위험해" 화들짝 창 밖 순살빛 벚꽃의 비명소리 향기가 위험스런 밤 두런거리는 꽃잎들의 수다 이제 우린 지고 말거야 내일은 오늘이 아니야 환한 미소도 절정인 지금 주말 비 소식, 그래 진다는 것에 대한 그리움은 절망이 아니야 S한방병원 지붕 위 푸른 빛 십자가가 소란스런 자동차 헤트라이트 불빛을 일으켜 세운다. 노오란 수은등도 수면 낮은 강 속을 유영하며 꽃 피운다, 꽃 진다. 사라지는 이무기의 뒷모습 그의 체취에 쏴아한 19.5도 알콜의 향기가 풀풀 살아나는 봄 밤 수면을 거부한다 용龍이 그리운 벚꽃들

체념의 시작始作

눈을 감는다. 가늠할 수 없는 깊이 속, 바람 한 점 일으키지 않는 정지 된 침묵 그녀의 잃은지 오래인 동굴 같은 동공과 마주치면서 나도 말을 잃어본다. 등 뒤에 내리는 산 그림자 위로 저무는 해가 아침부터 저녁까지 내려다 보는 텅 빈 들녘 뜰에는 잔풀도 사라진지 오래 겨울바람만 황량해서 네 미끈한 검은 옷의 온도를 알 수 없지만 먼 동공 속에서 걸어 나온 잃어버린 사랑 하나에 절망해 본다. 상실한 사랑만큼 겨울햇살을 따라 눕는 종남산 자락 애절한 눈빛 속에 서러움이 일렁이어야 지금의 침묵과 절망도 조금씩 걸어 나가리라. 누가 그녀에게 티슈를 건네며 하는 말 상처받은 기억일랑 잊으면 안되지 겨울 바람처럼 놓아버리면 안되지

파도 1

창문을 가만히 연다
꿈틀거리는 체온
저 침묵의 날개짓
화안한 미소
오색 빛 언어를 밀쳐내며
지천을 삼키는
산다화 화알짝 피는 소리

파도 2

부서질 때 부서지더라도
바다
아프기 위한 배움이었나
태어나면서부터
저 처절한 몸부림
그리움 하나, 둘
털썩
주저앉는 오늘

파도 3

수평선 향해 나란히 손 흔들던 순간
느닷없이 일어난 폭풍은 허상이 아니던거야
좁고 작은 길 여린 마디
마디에서부터 일어서던 광란의 위력
까마득히 내려앉던 절벽과
무너지는 바다
파도는 그렇게 깊은 곳에서부터의 출발이었다.
수 천 마일 지구를 감싸던 젖은 냇물들의 현이 끊기어
콸콸 흐르던 폭포수가 일제히 침묵하는 실명
청력의 마비
코도 입도 내다버린 미지의 세상 가득 쏟아내는
저 편의 비탄과 망각 너로 하여
바다는 또 부서지고
이토록 오랜 발걸음으로 나타나는 것을

일몰

봉숭아 꽃물 들이려
꽃잎을 으깨다
붉게 흐르는 개울을 만납니다.
돌담 어귀
갖추갖추 잎을 열어
새록이 어리는 빠알간 기억들
꽃물 들이려다
빨간 물결에 모두
떠내려 보냅니다.
빈 손가락 사이로
구름 같은 그리움이 더 붉게
물들고 있습니다.

기약

—詩

가질 수 없었다
누구를 위해서라고 무엇 때문이었다고 말하지 말자
붉은 트랙을 수 없이 돌며
던져 버리려 했던 너 하나의 시간, 시간들
아시아드 경기장, 10킬로 미터 스무 다섯 바퀴 유영流泳 속
불혹의 절망
지천명을 바라보며 갈망하던 꿈
걷기 싫어 뛰었다고 변명도 말자 우리는 모두
제 갈 길을 가고 있을 뿐
죽도록 사랑해도 채워지지 않을 사랑
내일 붙들어도 늦지 않으리

반지

너 때문에 외로워야 했다
어디든 동행이어야 했다
흔들리면 안 되는 존재
흔들려도 그 뿐인 존재
손가락 하나에 매단 결속結束
너 아니면 안 돼
서랍 속을 뒤적이며
자신의 행방 찾기에 분주하던 너는
이 손가락 한마디
달무리만한 고통苦痛인 것을

산다화

시린 서리 위로 동백 닮은 살결
홀홀히 흩어진 꽃잎
꽃과 나무가 헤어지는 일
기다리고 다시 기다리는 일
그대 떠나가도
처연히 겨울을 껴안고 사는 모습
산다화, 어찌 너뿐이겠는가

수수밭

머리 숙여 우네
해질녘
바람처럼
참새 떼
너를 쪼면
우수수
심장 내어주며
흔들리는 수수밭

강 언덕에 앉아

그대가 부르는 목소리는 언제나
부드러운 바람결입니다.
고들빼기 노오란 꽃송이
듬성듬성 핀 언덕
천하대장군 지하여장군
어울러 세우던
강물도 간간이 엎드려 졸음에 겹습니다.
흰 해오라기 네 마리
낮은 걸음 서성이는 시각
치마폭 가득 붉은 노을을 담고
그대 자장가 소리 건너옵니다.

등목燈木

〈마르코 폴로〉란 이름의 찻집 창가에 앉아
동방여행기 속을 간다.
사막의 바람소리 들리고 부드러운 모래 쏟아져 내리는 별무리
한 움큼 쥐고
지친 낙타의 노래 소리 듣는다.
세찬 회오리 차가운 방울소리 현란한 신기루에 잠긴 오아시스
한 모금 염원을 찾아 내 사랑도 절룩이며 간다.
그대 찬란함에
설움 감춘 별빛 가득 쏟아진다.

*등목 : 꼬마전구들의 불빛을 둘러친 장식나무를 일컬음

강

오늘을 묻지 않는 시간 계절도 젖는 상실의 시대 장맛비에
하늘은 방관자다 빗소리에 갇힌 지상
잃어버린 촛불의 흔적
여윈 사위 온 밤을 지새며 아우성치는
뇌성번개 먼 강, 눈물들의 행군
강은 허공에도 흐른다
징검다리 없이 뒤돌아 길을 찾던 오랜 시간들
타인처럼 바라보는 실종 상태의 우리가 걷는 길
폭우 그치면 나뭇잎에 햇살 더 빛날지 모르겠다.
어제의 강은 내일을 바꿀런지
강은 강만 보는지도 모르겠다
오늘을 내던지고 꿈꾸던 생명들이 버려진 치마폭
남는 체취는 잃어버린 언어 흘러가는 일은 자율이 아니던가
강 언덕에 서면

기어이 네가 닳아 잘게 부수는
울음소리 듣는다.

자목련

햇살 젖는 날
기도 하네
겨우내 앓던 신열
살며시 합장하듯 두 손 모으네
아득히 잊었던
한 순간
멍든 미소
네 눈물

떠나지 못하는 강

가고 싶은 길이 있었지
진달래 빛 같이 가슴 고운 설레임 일렁이던 그 길
엄마는 그 길은 내게 가라 할 수 없었어
가진 게 없었던 울 엄마
지천명이 지나 나는 신새벽 엄마께
발신 메시지를 보내고 싶어지네

엄마

잠이 안와요

산란

그 깊은
수원지에는 밤마다
무지개가 뜬다

형형의 고요가 토해내는
유색 빛 물결

비린 내음

비단잉어는 날마다
저토록 물결 깊은 곳에서

숲을 낳으며 산다

화왕산에서

산자락 산 그림자 아래

억새 호수에서

떠나지 못하는 사람

눈 내린 에움길 내려 와

덜 아픈 것들 버려두고

저를 놓아라 하네

창가에 앉으니

잔을 호수가 채우네

지금은 부재중

줄어드는 건 미소만이 아니다
날마다 이별을 하잔다
지나가는 시간을 잠시 붙잡아 앉혔는데
덜컹 달아나던 그의 날개
지상을 더듬으며 내려 앉는다
어디로 가고 싶었던가
바람소리 비켜 낮게 질주하는 아우성 잠시 착륙이다
날아가는 시간 위에
그리움 하나는 부재 중

이륙 시간은 딜레이 되고 어둠을 잃어버린
19번 게이트 앞에서
떠오르는 얼굴
시드니로 향하는 하늘, 바람 같은 손사래

제3부

바람

영원永源한 것은
그냥 흔들리는 것이다
우리의 오늘은
집착의 새벽을 키우고
갈망의 고리는
밤마다 긴 성城을 쌓았다
흔적의 모퉁이로 사라진다
부서지지 않는 계단
무인無人의 광장
영원한 것은
그냥 흔들지 않는 것이다

산사에서

타박타박 낮게 묻혀오는 발자국 너머 저녁 예불 내리는 어스름 풍경소리 떠엉 놀란 바람이 흔들린다 덤불 속 참새 떼 날개짓도 접은 오후 6시 30분 잊어라 잊어라 서른 세번의 타종소리 귀기울이며 겨울바람이 분다 집 없는 사람 어딜 가라고 종소리 저리 청아하고 앙상한 가지에 앉아 숨죽여 매달린 붉은 열매의 자태 새 한 마리 탐스런 깃털 고르다 쳐다보는지 대웅전 뒤 동백꽃 낮은 신음 여미며 어둠속에 피어있네

손 흔들지도 모른다

눈물 한 방울 흘리지 않고
노을 한 자락
이불로 펴보지도 못하고
꼴깍하고
차 한 잔 마시는 동안
지고 마는 꽃인지도 모른다
둥근 해가 한 순간
산을 넘어가듯
말갛게 웃으며
손 흔들지도 모른다
산다는 것은
이별 준비도 없이
머언 수평선까지 길을 만들고 있지만
어느 순간 반쯤 젖 물린
그 바다의 일몰처럼
그렇게 떠나야 하는 것인지도 모른다

겨울에

산다화 한 송이 살고 있다
흩어져 내리던 서리 하얀 화단
그 자리에
파르르 매달려
눈물처럼 살고 있다

부석사 가는 길

토하다 토하다
마저 토할 수 없었던
황금빛
추락하는 계절
네 이파리
노랗게 물든 심장
발자국이런가
나래지던 슬픔
지천으로 떨어지는 길

닭발 한 입

뼈 없는 닭발 한 접시를 안주로 내어놓고 알콜도수 8%의 순쌀 막걸리

한 잔을

삐약거리는 종종걸음 사이로 흘려보냅니다.

내가 가지 않던 길로 가는 발걸음 더듬어 하루가 붉은 저녁

유년의 하늘 높이 날던 소리개 소리 놀란 병아리 떼와 날개 파닥이던 모성이

목젖에 닿아옵니다.

사는 슬픔, 살아 온 기쁨 따위 이야기 한 적 없는 한 무리 닭들이

내 뜰 안을 채우는 지금은 봄 밤

한 입 삼킨 닭발이 배꽃들의 하얀 푸념을 좇아갑니다. 달빛아래

배꽃들이 맨발로 파닥입니다.

뿌리의 외출

땅 위의 뿌리도 뿌리다
네가 돌에 기대어 있는 때에도 하늘을 구름은 가고
네가 길 아닌 곳을 걷듯 세상도 엎드려 있구나
너는 땅위의 길도 가는구나
길의 끝이 아닌 길을 마냥 안고 있구나
가는 길 어디로든
어디에 있든 너는 금정산 허리 송화가루 날리는
오랜 길목을 지키며
그토록 깊은 체념이듯
흙을 붙들고 있구나
한 백년 건너오는 외출이구나

시詩

깊은 골짜기 지척분간이 힘들다.
통증, 잴 수 없는 곳에서 아우성치고
눈보라 흩날리는 마디마디
다가서기 힘들어
갈증과 집착
떨어진 눈송이 속절없는 것 마냥
멀어가는 시간들
그대에게로 향한 길
삼백 예순 다섯날 몇 번을 지나
이제 다시 가는 길
여전히 먼 곳에서
손짓하는 당신

황사현상

심야를 들추며 달리는 폭주족 속에 무늬 없는 꽃들이 난무했지 희뿌연 영혼들이 어지럽도록 서로를 껴안고 엉기는 수안로타리 대리운전 광고판, 밥도둑 1번지, 미인피부과, 왕 해물탕 수은등에 내비치는 네온사인 간판 휘황한 거리를 달렸지 머릿속엔 영화 '셔트 아일랜드'의 파도가 쏴~아 부서지며 다가오고 불빛 꺼진 등대, 진실만으론 살기 힘들다는 무서운 이론을 헤며 깊어 갔지 흩날리던 꽃송이들 활짝 핀 알콜향기 그득 안고 엘리베이트안으로 따라 올랐지 한 평 공간 속 셔트 아일랜드 속의 눈빛들 이글거리고 폭풍 속을 미처 헤어 나가지 못한 선택 된 인간 진부함은 오래지 않다는 약속 없는 진실을 던져내며 20층 비밀번호를 눌렀지 순간 기억 잃은 음험한 눈빛이 아하 아일랜드 속 괴물로 살기 위해 헛기침을 하며 불현듯 치솟고 있었지 수억의 부재가 욕망처럼 내려앉았지

눈보라

—꽃샘추위

허상의 날개짓
하늘은 폭설의 통제를 포기한지 오래
세찬 바람과 친밀한 수 천, 수 만 마리 나방이
결탁하여
차창을 두드리더니 마침내
영혼들의 아우성인양 찢어진 음성
차디찬 내달음으로
나신의 가지를 흔들고
동백은
붉은 가슴을 하얗게 풀어 내놓았다.
무심히 방치해 온 우리의 영혼 속으로
희디 흰 서러움도 녹아 강물이 되는
지금은 바람 불고 눈이 내린다.
어둠을 터는 네 날개짓
창窓은 수없이 새벽을 누이는데
하얀 세상 가로질러 너를 찾는
강이 보였다.

가는 해

빈 들녘마다
꽃잎 가슴 열어 젖히는
바람의 발자욱 소리
별도 떠나지 못하는 밤
시린 초승달 마주하고
나른나른
강물이 풀어 놓은 이야기
풀잎처럼 흔들리며
그대 가는 마음

시클라멘

한번씩은 롤스클린 커텐을 깊숙히 내려놓고 동면을 청했었다 근접하면 날카로워지는 신경 곤두세우고 방치되는 안부이고 싶었다 너도 그렇게 겨울 내내 추위에 놓여졌다 베란다 한 쪽 모퉁이 단단해진 화분 속에 구근을 넣고 네게는 긴 여정이었을 그 해 겨울 산고 후 네가 꽃 한 송이 피울 줄은 몰랐다 미소 머금는 꽃다운 네 모습 늑골서부터 밀려오는 골 깊은 통증 네 인내의 꽃피움 닮고자 나는 오늘 척박한 토양을 고르고 싶다

한 시간의 자유

일탈의 나신들이 둥근 수증기에 잠기는 순간 긴 심호흡 가라앉는 긴장 몸뚱이마다 피어오르며 가물대는 파문 어제도 오늘도 다가오지 않는다 송글송글 맺히는 일상의 탈출 육신도 영혼과의 분리를 꿈꿀 줄 아는 시각 뼈 안의 뼈 피부 안의 피부를 열어놓고 있는 것 그대로 있게 하고 명상, 저 밖의 시간을 오가노라면 어느 순간 안개꽃이 하늘거리고 하얀 망초꽃 무더기로 피고 또 진다 세월의 흔적 홀연한 새벽 근처 여인들의 둥근 허리, 탐스런 자유가 사십 도의 온천에 사십 도로 깨어난다.

비 내리는 날은

—파도에게

빗줄기에 매달던 아픈 심장
시퍼렇게 세워 두고
비 내리는 날은 네가 보고 싶다
눈물 퍼담듯 빗소리
안고 우는 너
아, 거센만큼 다정했던
그 목소리
비 내리는 날은 너를 듣고 싶다
꿈결마냥 퍼득이는
유도화 빛 여명
한숨처럼 다가드는 그리움
비가 내리는 날은
미치도록 절규하는 네 몸짓을
만나고 싶다

사월이 간다

보이는 것들은 모두 추락한다
구름이,
보인다.
떨어지는 곳 그 어디쯤일까
기억되지 않는 수많은 추락
추락과 비상 사이
밤새 뒤척이던 불면 아침 햇살 속에서
잠을 청할 때면 벌써 저 만치
흩어지는 꽃송이들
보이지 않는 곳으로
네가 가는 사월

사랑 1

구름에 가리어 보이지 않는다고
해가 없다 하지 못하듯
가는 곳 알 수 없다고 가지 않을 마음 없어
돌아서 걷는다 하여도
맞닿을 곳에서 다시 돌아보면
그림자 더욱 선명한 너

가을비

네 목소리 듣고 싶었던 거 아니야
창문을 열어 본 것은
그냥 잠 들 수 없어서 일 뿐이야
네 눈물을 외면 하기가
너무 힘들었기 때문일꺼야

온밤을 세우고도 모자라
신새벽 창을 노크하던 너

그러지마

일상日常

모호하다
돌아선 뒷모습이 방안에 그득하다

수없이 만나고
실망하고 기대하지만
헤어날 수 없다

한 잔의 커피를 스푼으로 저어본다
수동적이다 반항이 없는
한 뼘의 평화

어디로 가고 있는 것일까

커피 한 잔 만큼의 물결
나뭇잎의 흔들림 같은 허공 한 줌
머물러 보지만

꽃 한 송이 담아두지 못하는
너

눈[雪]

스러지지 않는 그리움
흩날리는 새벽
동해의 여명을 딛으며
저 혼자 내리는 눈
하얗다고 말하지 말자
서러워도 말자
아프지 않을 추억은 없는 것이라
그리 말하지도 말자
하얗게 끌어 당기는
이부자락

와카티푸 호수

파도를 가지려 했다 파도를 가진 호수를 만나려 했다 호수가 아닌 바다 바다가 아닌 호수 그 너머 백주白晝의 만년설, 캔터베리 대평원의 자유, 파도는 자유를 위해 투쟁할 수 없어 부서지고 파문은 호수 아닌 깊은 곳에서 일어나는 듯 겨울 한낮 내내 일어서다 앉음을 되풀이하고 있다

제4부

메시지 수신

소금기 절은 통증 하나가
귓전으로 걸어 나온다
철석 부딪히는 파도소리에
만개한 해국 한 송이
겨우 -9시
바위섬을 친다
해국도 걸어 나온다
겨우 -12시
수신된 문자
꾹꾹 잠재웠던 꿈길가로 파도가 걸어간다
문자가 토해내는 음성
판도라의 상자에 숨는 희고 검은 한숨
숙성 되지 않는 왜곡
어디 지하 동굴이나
수중 은둔지에 묻어두면
십 년쯤 지나 발효 될 영혼, 혹은

낙엽

사랑이 있다면
천지만지
노오란 꽃보라로
흩날리면서도
한마디 변명조차 없는
네 몸짓을 보는 아픔이 아닐까

내 사랑은
아주 작고
낮게 떨리는 네 눈빛에
눈감는 작은 이파리

어제의
파아란 시간들 흐르고
아픔도 익어서
저리 난무하는
슬픈 염원

사랑이 되어요

설움 빛 창 너머 저기 예수의 집 헤아려 보네 나를 외면한 채 옆모습만 보이며 서 있는 십자가 헤아려 보네 별을 헤는 밤처럼 십자가를 헤는 밤 기억은 허공을 헤매다 일어서고 그대 눈동자 속 설움과 십자가에 매달리는 아들을 보며 흘리는 성모 마리아의 피 눈물 빗소리 바람소리로 고이네 그대 눈빛 안에 꿈길처럼 밟히는 고뇌 아득하게 비되어 내리네 우리 죽어 한 그루 태산목이 되어요 한 여름 장대비 속에서도 미소가 환한 사랑이 되어요 빗소리 설움에 감추어질 눈물 애써 숨기지 않아도 되는 그대의 산 그대의 강이 되어요 그러면 지나간 세월이 덜 아파질까요

가로등

서서 바라보네
창문 건너
노오란 수은등
스산한 가을바람에도
울지 않네
돌아설 줄 모르네

사랑 2

네가 나무라 불리기까지
한 그루 나무로 존재할 때까지
걸었던 길을 안다
네가 파도라 이름 불리었던
너를 파도라 이름 지었던
태고의 부름을 기억해본다
네가 처음부터 나무였다면
한 그루 나무로 발 디딘 나무였다면
돌아보지 않았으리
파도이기 위해 부서졌던
긴 세월 저 편의 인고
너의 이름으로 다시 안아 일으키는
바다를 본다 사랑아

두려움

—詩

네 앞에 서기가 두렵다
어디선가 수만 수천의 상념을 쏟아내는 기억은 심연 속에 흔들리고
버티다 지치고 마는 익사의 순간
필사의 구원을 요청하듯 이불을 뒤집어쓰는
반복 된 습관
질식하지 않을 만큼의 들숨 날숨으로 눈을 감으면 빈 천장에
뭉게뭉게 흩어지는 수 없는 언어의 파편들
심장 한 곳을 무참히 베어 물고도
망설임 없는 통증
네 옷깃에 서린 바람의 향기로 신새벽 두통을 동반하는 열망이여
두려운 것은, 두려움과의 이별이다

황룡사지

고요한 들녘에서는 바람도
차마 움직일 줄 모르나
천 년의 진실 품은 옛 발자취 따라
흔적 없는 무게를
내려놓은 곳
무거웠던가 세월로
가늠할 수 없는 짐들은 벗어
벌거벗은 들녘으로 엎드리게 하였네
아늑한 걸음 내딛다 보면
다독이듯 들려오는 분황사 종소리
낙조의 품으로 기러기 나는 고요
황룡사지 빈터에
바람이 부네

만월滿月

누가 그 미소에서 눈길 거두리
봄풀 흔들림 같은 눈빛
언어가 불필요한 수업
당신은 열이레의 만월로 혼자 웃고 있네요
살내음인 양 싸리꽃 올올히 피어나고
흔들리는 바람의 통증 일구는 듯
자주빛으로 물들고 있네요
우리들의 부재
수신 두절
사람들은 하던 일 멈추고
술잔 높이 들며 건배를 하지요
열이레의 미소가 당신이랍니다

폐교

—봉황초등학교

붉게 웃었다
어린 시절
그 자리를 붙들고 있는 모습이
눈물에 어렸다.
아이들 웃음소리
간간이 들리고
늙은 포플라나무 만큼의 세월이
저만치 머물렀다.
꽃들은 어디로 나섰을까
모두가 꿈꾸며 떠나버린 곳
사루비아꽃들이
지키고 선 곳

꼭지언니

부산지방기상청 1미터 앞
차를 몰고 지나다 내 시야에 붙들린 꼭지집
나는 브레이크를 밟을 뻔 했네
늘 가까이 있었던 이름 같은 상호
유년의 기억이 호롱불처럼 일렁이네
뒷집 아재집의 꼭지 언니
꼭지는 딸 그만 놓고
아들 낳으라고 지었다는 이름인데
그 덕에 언니는 남동생을 얻었다 했는데
그 시절
시골에는 아들이 제일이었는지
여섯 자매만 있었던 우리 집
아들로 태어나지 못한 자책감까지 가졌던 나
오늘 우연히 부산지방기상청 앞
선술집 꼭지집 앞을 지나며
아득히 떠올린

꼭지언니 하이얀 얼굴을 차창에 그려보며
들길 걷듯 가네 내일로 가고 있네

그림자

버림받았다는 강박증
혼자라는 거 외로운 가슴앓이
나를 향해 달리던 나
나를 안아 서럽던 너
존재의 확신을 확인하는 그림자에 매달려
죽음보다 더 깊은 애증愛憎을 안더라
그림자는 넘어지지 않고 내가 넘어진
저 너머의 그림자
그리움의 타나토스
사무친 상처에 꽃처럼 얼룩진 서러움
사랑아 혼자일 때 더 서러운 사랑아
너를 위해 짹돌이*는 긴 밤
그림자를 안더라

* 짹돌이 : TV프로 '동물농장'에서의 엄마 잃은 강아지 이름

뿌리의 길

네게 말한다 깊고 넓은 곳의 본분은
잊지 않는 거라고
바위를 피하며 걸어가는
뭉텅한 삶이 이 길을 열었다고
–숨고 싶어
그렇지만 기어서라도 가야하는 길
달빛에 닿는
별빛을 헤는
–어디에서든
땅 위에 드러난 뿌리도
뿌리다 체념을 포기한 뿌리다

새벽 달

밤을 걸어 왔네
못다한 말
동그랗게 품어
저 마음 재촉하는 저문
발걸음 소리
자박자박 들리네
하얗게 여윈
서러운 마음 하나
산을 넘고 있네
그 빛 지우는 싸늘한
그리움

백목련

매달린 듯 우는 듯
하얀 모습
피 끓는 가슴 감춘 꽃송이여
눈빛 한 자락 흔들림 없이
표백 되던 노래 소리
삼월은 가고
사월이 오는 네 자리
서러운 얼굴들이 먼저 떠난다.

복천동 고분古墳에서

흐린 봄날 연두색 풀밭 위로
까치 두 마리 종종 걸음 치고 있다
혼자 걸어보는 여유의 앞섶에
세월 한 자락이 미풍으로 흩날리고
수 천년 전설 머금은 유물 항아리들이
살아 있는 얼굴의 나를 올려다본다
저 그릇들에 담겼을 그 날들
배부른 시간 위로
배고픈 시간이 일어나고 있었다.

그 아이

—멘토링

그 아이를 만나면
그 아이의 미소에 마주 웃지만
그 아이는 내 미소가
눈물임을 몰랐으면 했다
평생을 젖게 할 눈물일지 모를

한나절

복천동 산아래 햇살 한 점 머물지 않는
월세 쪽방
기울어진 싱크대 검은 곰팡이
비좁은 방바닥에
주야장천 깔려있는 찌들은 이불 무늬
할머니의 유년이
꽃처럼 피고 지고
핏빛 꽃봉오리 빼앗긴 봄과
빨갱이 손에 죽어간 부모 형제들이 이부자락
여미다 가는
할머니의 한 나절이
꽃잎처럼 웃다 꽃빛으로 울고 있다

섬에 가고 싶다

섬이 되기 위해 섬에 가고 싶다
한 점 막막한 섬으로 살기 위해
가졌던 부질없는 것들 해풍에 쓸어 넣고
지닐 것만 지닌 팔딱이는 심장
더 싸늘해 지기 전에
떠있는 너를 보듬고 싶다
잊었던 외로움 다시 모두어 파도의 저
일렁이는 눈빛속에 담아 두고
섬처럼 꿋꿋하고 섬처럼
침묵하며 살고 싶다
파도가 지우고 간 발걸음들 지금은
어디쯤에서 쉬고 있을까

폭식

혼자라는 공간에 갇혀본다

밀려오는 배고픔
어디서부터인지
보이는 대로 먹어보는 시간
포만감은
지워졌던 생각을 다시 일으킨다

한 계절의 끝자락
절규하는 매미소리도 허기 때문이고
내가 폭식하는 것도 허기 때문이다

또 한 계절이 주고 가는
무더기 상실 때문이다

이국에서

머리카락은 밤이면 잠에서 깨어났다 어둠속에서 쑥쑥 고개를 내미는, 한낮 내내 침묵하던 세포들이 낯익은 바람소리로 어둠이 아닌 여명으로 이어지는 고뇌의 현 주소지를 찾아 헤매는 이국異國의 밤이다 만년설 아래는 그림 같은 호수가

어디선가 찰랑이는 물방울 소리 은하수 따라 밤이 깨어나는 나라 저 편으로 은거할 수 없다 아니다 있다 뒤늦게 깨달아 낸 길 저 편의 손짓마저도 진실은 아니다 그래 네게서 받은 선물들이 부메랑처럼 날아다니는 거야 쿵 닫힌 문 수신음 뚜뚜 여보세요 열쇠를 잃었어요

짐승처럼 서성이다 한 밤 이국에서 잃어버린 열쇠를 찾는 부재의 현실, 이제는 내버리고 싶은 열쇠 하나의 시간

해설

상실과 부재에 대한 시적 감성
—박이훈 시집 『수신 두절』

박재열(시인)

시는 때로 인간의 삶적 정서를 보다 암묵적(暗默的)으로 표현하여 전달하게 하는 언어를 매재(媒材)로 한 창작 문학의 한 양식이다. 시를 가볍게 쓰지 않으려 애쓰는 이유의 하나가 이것이며 시는 인간을 위해 인간에게서 태어나는 또 하나의 생명체라 할 수 있다. 우리네 삶의 정서가 유토피아에만 있지 않고 고통과 번뇌에만 있는 것도 아니니 만치 그들의 영혼을 거쳐 오는 시란 존재도 제각각의 형태를 자유롭게 갖추기 마련이지만 시가 명분이 되고, 문학외적인 장식품이 되고, 감성의 들러리가 되어 가는 시점에서 박이훈의 시편들이 지닌 메시지는 예사롭지가 않다. 우선 그의 첫 시집 『수신 두절』에서의 시들은 전체적으로 암묵적이며 장식 되어 있질 않다.

박이훈의 시들은 진지하고 섬세한 시어들을 적확하게 껴안음으로써 서정적 감각을 온전히 느끼게 한다. 그의 시집 전편에 흐르고 있는 암묵(暗默)적인 언어들은, 여류 시인들이 흔히 빠지기 쉬운 감상적 어휘의 상투적인 나열과는 상이한 깊이와 울림을 내재하고 있다. 삶과 사유(思惟)의 무게를 시 전편에 잔잔히 낮게 깔아 놓는 기법을 보면서 그가 오랫동안 시인수업을 하였을 거라는 추측과 함께 그의 시들을 한 번 살펴보기로 하자.

울지마 네 잘못이 아니야 작은 우산마저 없어 젖었을 뿐이야 우산의 행방을 찾을 수 없었던 거 뿐이야 어디서 우산을 파는지 몰랐던거야 네게 우산을 받쳐주지 않았다고 네가 아프다고 지나간 시간들과 네 앞의 시간들이 우루루 달려와 발아래 무릎 꿇고 사죄라도 할 것 같니 선택의 결과일 뿐 어떤 뜻이 있어 여린 생명 하나로 풀잎 이슬 하나로 살아가는 지금 그러더라 오래 살 것이라 생각하지 마라 네 것이 있다고도 생각하지 마라 언젠가는 빈손으로 그쳐야 하는데 울면서 걸어가 어쩌자고 제발 울지마 바보같이

—〈비에게〉 전문

비는 대자연의 일부이면서도 인간에게 있어서는 거의 일상적인 존재다. 삶의 무게가 무거운 때 비는 슬픔과 울음들의 대역을 톡톡히 해내주는 아주 자상한 자연의 심부름꾼이다. 그 비에게 화자(話者)가 이야기 한다. '울지마, 울면서 걸어가 어쩌자고 제발 울지마 바보같이…' 그 앞의 시간들, 운명 등이 고개 숙일리 없는 삶의 섭리 앞에 비가 아닌 자연의 한 존재가 울먹이고 있음을 알려주고 있는 것이다. 시 〈비에게〉는 삶의 전부를 마치 비오는 날 우산이 있고 없음의 차이에 견주어 한 세상 사는 일의 무위(無爲)를 묘사하고 있는 시이며 이러한 면모는 다른 시들에서도 꾸준히 나타나게 된다.

뼈 없는 닭발 한 접시를 안주로 내어놓고 알콜도수 8%의 순쌀 막걸리
한 잔을
삐약거리는 종종걸음 사이로 흘려보냅니다.
내가 가지 않던 길로 가는 발걸음 더듬어 하루가 붉은 저녁
유년의 하늘 높이 날던 소리개 소리 놀란 병아리 떼와 날개 파닥이던 모성이
목젖에 닿아옵니다.
사는 슬픔, 살아 온 기쁨 따위 이야기 한 적 없는 한 무리 닭들이
내 뜰 안을 채우는 지금은 봄 밤
한 입 삼킨 닭발이 배꽃들의 하얀 푸념을 좇아갑니다. 달빛 아래

배꽃들이 맨발로 파닥입니다.

—〈닭발 한 입〉 전문

'내가 가지 않던 길'… 닭발 한 입, 순쌀 막걸리 한 잔으로 화자가 걸어보는 길은 어떤 사유의 길이었을런지, '가는 발걸음 더듬어 하루가 붉은 저녁'에 안주로 먹은 닭발 한 입 덕분으로 배꽃 핀 계절 뜰안에 닭들이 놀던 시절을 떠올리며 표현 해낸 듯한 이 시는 유년의 하늘 소리개와 놀란 병아리, 날개 파닥이듯 하였던 어머니의 꾸짖는 목소리, 사는 슬픔과 살아 온 기쁨 등이 하염없이 흘러가는 삶의 강줄기를 한 잔의 술 속으로 끌어 들인 낭만적인 시다.

길의 끝에서 강물 흐르는 소리 들렸다. 꿈속의 밤
묶여진 나룻배
바람에게
쏟아지는 비에게 물어 보았다. 속수무책
-딛을 곳이 없어
강에서 돌아와 다시 갇혀 본다. 방이다.
사각의 벽
사랑은 꽃이 될까? 배신의 뜰 앞에 선
목련 꽃나무를 무참히 흔들었다. 두 손으로 두 팔로
떨어지지 않으려던 싱싱한 꽃송이들
눈길도 주지 않던 꽃들이 이제는 저 맘대로 피고 있다.
-어디로 가는 거니? 누가 찾기라도 한 거니?

주파수,
그걸 정할 때 나는 몰랐어
-어디서 기다려야 해요? 오기는 하나요?
이제는 대답 하지마.

—〈수신 두절〉 전문

〈수신 두절〉은 이 시집의 표제시이다. 순수한 자연과는 정반대인 인위적 삶으로 부터 소외 된 절망적 단절감과 상실에 대한 반발심을, -모르는 주파수, -대답회피 등의 수단으로 구체화 시키고 있다. 이기주의적 욕망과 물질 만능적 자본주의가 주는 폐단이 극한을 치닫고 있는 즈음에 '강물 흐르는 소리' '나룻배' '바람' '쏟아지는 비' 등으로 비유되는 순수는 갈수록 버티기가 힘들어 진다. 저 혼자 하얀 모습으로 핀 목련꽃마저도 이질적인 존재로 보여지는 현실 앞에서 엄습하는 고립감과 외로움은 아무래도 저들과는 다른 주파수임이 분명하다. '저 맘대로 피는 꽃'들과는 대화 할 필요성도 그 어떤 의미와도 접할 수 없음을 지적한 시 〈수신 두절〉은 이 시집의 대표시는 아니라 할지라도 제목이 주는 메시지는 이 시집 전편의 시들이 무엇을 안고 있을지를 알게 해 준다.

날마다 껍질을 벗는
곡선의 나들이
천둥소리의 알이더라

해초 내음 딛고 오는 발길
파도가 보채고
네가 깊어가는
탄식소리
달빛으로 뒹구는 오늘

—〈몽돌〉 전문

동그랗거나 둥글다 함은 흔히들 보편적인 원만성을 내포하거나 그를 대변할 때 쓰는 말 중의 하나이다. 나무들의 나이는 나이테를 보지만 몽돌의 나이는 그저 그 둥글고 반질한데 기인하여 까마득 추측을 해볼 나름인 각고의 세월을 상징하기 일쑤다. 그런데 화자는 이 시에서 그 몽돌에게 나이테를 건네주고 있다. 이미 곡선이 되어버린 상태에서도 날마다 껍질을 벗는, 그리하여 날마다 태어나듯 하는 알, 그마저도 천둥소리의 알이라 하지 않았는가! 몽돌처럼 뒹굴지는 못한다 하더라도 우리네 삶의 탄식 또한 세월을 견디며 버티며 달빛속에 저리 궁글리고 있을 것임이 틀림없다.

상처가 깊은 까닭은
그의 마음이 그 곳에 갇혀 있기 때문이다.
햇살이 드나들 수 없는
마음의 끝에서
수심水深 가득 내려지는
두레박

—〈우물〉 전문

언뜻 이 시는 시를 짓기 위해 필기한 메모 같아 보일지도 모른다. 그러나 짧은 몇 귀절 속에 담긴 사유(思惟)는 나름대로의 영역을 갖고 있다. 어째서인가. 나날의 일터나 혹은 일상사에 갇힐수록 깊기만 한 상처 '햇살이 드나들 수 없는 마음의 끝'은 무엇인가 하소하지도 불현듯 떨쳐버릴 수도, 피해 버릴 수도 없는 시 속의 화자를 일컬음이다. 그 마음의 수심으로 내려서는 두레박이 바로 시인의 마음을 길어 내주는 시이기도 하리라. 박이훈에게 있어 시는 구원이며 비상구이고 오랜 동안 갈구하였던 사랑이었을 성 싶기도 하다. 이러한 속내를 모두 담아 둔 시들이 수 편 보인다.

> 저만치 그대가 있습니다.
> 뒷모습 보이지 않지만 여전히
> 그 자리에 있습니다.
> …(중략)…
> 언제나 갈 길 붙들면서
> 다시 저만치서 바라보고 있네요
> 한 계절 쉬이 보내면서
> 아리도록 그리움이 차는
> 빈 하늘입니다

—〈시詩에게〉 부분

깊은 골짜기 지척분간이 힘들다.
통증, 잴 수 없는 곳에서 아우성치고
…(중략)…
떨어진 눈송이 속절없는 것 마냥
멀어가는 시간들
…(중략)…
여전히 먼 곳에서
손짓하는 당신

—〈시〉 부분

네 앞에 서기가 두렵다
…(중략)…
질식하지 않을 만큼의 들숨 날숨으로 눈을 감으면 빈 천장에
뭉게뭉게 흩어지는 수없는 언어의 파편들
…(중략)…
네 옷깃에 서린 바람의 향기로 신새벽 두통을 동반하는 열망이여
두려운 것은, 두려움과의 이별이다

—〈두려움〉 부분

시는 '아리도록 그리움이 차는 빈 하늘'이며 '여전히 먼 곳에서 손짓하는 당신'이다. 박이훈에게 있어서 시는 '네 앞에 서기가 두렵다…' 하는 존재이고 '익사' 시키며 '심장 한 곳을 무참히 베어 무는…' 악한이기도 하였다. '두통을 동반'하는 '열망'에 시달리게 하고, 그러면서도 '두

려운 것은 두려운 것과의 이별이다' 하리만치 그에게 있어 시는 가까이 할 수도 멀리 할 수도 없는 〈그대〉가 되고만 것이었다. 무엇 때문이었을까? 무엇이 화자로 하여금 시라는 빈 하늘로 들어서게 하여서는 걸어 나가지도 못하게 하였을까? 그 이유의 한 곳을 문득 들여다보게 해주는 시가 있다. 〈체념의 시작〉이 그것이다.

> 눈을 감는다. 가늠할 수 없는 깊이 속 바람 한 점 일으키지 않는 정지 된 침묵 그녀의 잃은지 오래인 동굴 같은 동공과 마주치면서 나도 말을 잃어본다. 등 뒤에 내리는 산 그림자 위로 저무는 해가 아침부터 저녁까지 내려다보는 텅 빈 들녘 뜰에는 잔풀도 사라진지 오래 겨울바람만 황량해서 네 미끈한 검은 옷의 온도를 알 수 없지만 먼 동공 속에서 걸어 나온 잃어버린 사랑 하나에 절망해 본다. 상실한 사랑만큼 겨울햇살을 따라 눕는 종남산 자락 애절한 눈빛 속에 서러움이 일렁이어야 지금의 침묵과 절망도 조금씩 걸어 나가리라. 누가 그녀에게 티슈를 건네며 하는 말 상처받은 기억일랑 잊으면 안되지 겨울바람처럼 놓아버리면 안되지
>
> —〈체념의 시작始作〉 전문

'정지 된 침묵' '잃은 지 오래인 동굴 같은 동공'으로 표현되는 이 시에서의 상실감과 절망의 원인이 어디에 있는가를 명확히 찾아 낼 수는 없겠지만, '텅 빈 들녘' '잔풀'도 사라진지 오래인 '겨울바람'만 황량한 '뜰', 거기에 있는 '미끈한 검은 옷의 온도' '먼 동공 속에서 걸어 나온

잃어버린 사랑 하나에 절망…' 등으로 표현한 그 무엇이 '겨울햇살을 따라 눕는 종남산 자락/애절한 눈빛 속에 서러움 일렁이어야/지금의 침묵과 절망도 조금씩 걸어 나가리라' 하는데까지 이르는 것을 보면 그가 시를 쓸 수밖에 없는 사유가 상실과 부재를 대하는 그만의 감성에 있음을 예측하게 되는 것이다. 화자는 〈일렁이는 서러움 – 시〉로 〈침묵과 절망〉에서 빠져 나오고자 한 것임도 빠뜨릴 수 없는 하나이다. 그리하여 이 시의 끝부분에서 '…상처받은 기억일랑 잊으면 안되지 겨울바람처럼 놓아버리면 안되…' 하는 것으로 자신의 시작(詩作)에 대한 목적을 솔직히 드러내놓고 있는 것이다. 화자에게 있어 시는 〈누군가가 건네 준 티슈〉 같은 감성을 건네 주기도 하였다.

그의 시는 이제 침묵과 절망들을 헤집으며 산문시 형태에서 더욱 암묵적인 범람을 보여주기 시작한다.

> 그녀는 작은 집에 묻혀 지독한 몸살을 자주 앓았다 여린 가지에 나뭇잎 하나 파르르 떨도록 소문 없는 바람이 불면 떨어진 상처 혼곤하던 그 집 몇 센티미터의 깊은 상처에 시달리며 내는 신음소리 조차 들리지 않던 하얀 눈물 씻어 내린 눈빛 파리한 나무 112, 119 누구 거기 없나요 여기 한그루 나무 안아줄 나무 없나요 나무의 뿌리, 나무의 가지, 잎 어디서부터 치료해야 하나요 부러진 가지부터 이어 주세요 모질게

도 질 긴 뿌리를 껴안고 바람의 시간들이 촘촘히 박혔던 그 집, 머리부터 수액을 공급받아야 했던 그 나무 이어진 또 하나의 상처 그 집에는 이제 치료받지 않아도 될 남은 것이 없다.

—〈그 집〉 전문

〈그 집〉이라는 시에서의 '그녀'는 그 집의 나무다. 나무는 그 집의 '그녀'가 되기도 한다. '모질게도 질 긴 뿌리를 껴안고 바람의 시간들이 촘촘히 박혔던' 그 집, 몸살-상처-신음소리-하얀 눈물-눈빛 파리한 나무, 112와 119를 동시에 불러대는 한 그루 나무, 시 속의 화자는 무엇으로 부터의 위험을 호소하는가? 부재와 상실이다. 그리하여 치유되기 힘든 부재不在로 인한 상실감들을 내쳐보고자 마침내는 목록을 마련하기에 이른다.

하나, 서랍 속에 차곡차곡 쌓아두었던 용서치 않으리라 절망했던
기억들을 정리한다.
둘, 유리의 파편 마냥 꾹 찌르는 예리한 통증, 핏방울 없는 어지러운
아픔을 정리한다.
셋, 눈 꾹 감아도 새어나오는 언제까지나 부재인 우리들의 시간,
굳게 체념한
사랑조차 내버린다.
넷, 울지 않는다.

—〈목록〉 전문

'목록'의 주체는 어디에 있는가? 화자는 '언제까지나 부재인 우리들의 시간'이라 하였다. '기억'은 과거다. '아픔'은 현재이고, '눈 꾹 감아도 새어나오는… 시간'은 미래다. '굳게 묶어 둔 사랑' 조차도 미련 없이 정리 하겠다 하지 않는가 그리고는 '울지 않는다'로 마무리한 네 가지 "체념의 체념"이 그것이다.

박이훈은 또 부재와 상실감으로 번민하는 이들의 불행한 시간들을 산다화에 비유하기도 하였다. 그리 함으로써 마치 그 자신도 그 곳에 있기나 한 듯 '서리 하얀 화단'을 내보이기도 한다.

산다화 한 송이 살고 있다
흩어져 내리던 서리 하얀 화단
그 자리에
파르르 매달려
눈물처럼 살고 있다

—〈겨울에〉 전문

그러나 박이훈은 자신의 사유에만 갇힌 시를 쓰고 있지는 않다. 그 자신의 것인 듯한 암울성들도 자세히 들여다보면 실은 그녀의 주변적 삶 혹은 여성적 삶의 부재와 세상의 그늘에 들앉은 이들의 상실감들을 살피고 멘토링

해주는 과정에서 상대하는 굴곡적 인생과 삶의 애환을 끊임없이 대변해 주며 아파하고 있다. 또한 박이훈 시의 곳곳에는 〈자학적 관조〉가 철저하게 자리 잡고 있다. 이는 그녀가 사람들의 얕은 행복이라든가 웃음적 기쁨과는 거리를 두는, 삶에 대한 본질적 가치 추구와 불행과의 당당한 대치를 더 중시하고 있음을 알게 하여 주는 것이다.

> 용이 되지 않을 거대한 이무기 한 마리 수많은 인질을 거두고 머리 위를 지나간다. 채 벗지 못한 겨울 옷자락들 굽이도는 몸짓 갇힌 공간 "나 지금 위험해" 화들짝 창 밖 순살빛 벚꽃의 비명소리 향기가 위험스런 밤 두런거리는 꽃잎들의 수다 이제 우린 지고 말거야 내일은 오늘이 아니야 환한 미소도 절정인 지금 주말 비 소식, …(하략)…
>
> —〈불면〉 부분

지하철 1호선 근처란 부제가 달린 시의 일부다. 문명의 수단에 인질이 되어버린 우리, 지기 위해 핀 꽃인 듯 내일을 장담하지 못하고 살아가는 우리, 잠이 쉬이 찾아올 리가 없는 사유의 깊이를 느끼게 해주는 무거운 시다.

> 거대한 발길질
> 부서지고 말듯 거친 숨소리
> 재울 길 없는 몸짓

석 잔 술에 취한
눈빛 시린 설야의 강릉 앞바다가
비틀대며 걷는다
달려오는 검푸른 몸부림
밤새워 모래 숲을 덮던
분노의 통곡
침몰하는 바다의 눈물 모래위에 부어대며
저 혼자 스러지는
파도, 그의 일기장

—〈우는 바다〉 전문

거대한 발길질의 바다 – 삶이지만, 재울 길 없는 몸짓을 하는 바다 – 세상이지만, 석 잔 술에 취한 눈빛 앞에서는 비틀댈 수밖에 없는 바다…화자에게 파도는 바다의 눈물 곧 삶의 슬픔과 분노이며, 저 혼자 스러지는 파도는 삶의 체념 – 통곡 그 자체였을 듯하다. 무엇보다도 파도를 바다의 일기장이라 은유한 부분이 두드러져 보인다.

더 나아가 이제 박이훈의 시에 내장 된 암울은 거의 모두가 소망과 인내로 이어져 있다. 상실과 부재에서 오는 아픔과 고통을 바램과 다독임과 만나게 함으로써 읽는 이로 하여금 인내(忍耐)의 꽃을 안게 하여 주는 것이다. 그의 시들에서 인내는 태산목 같은 듬직함과 단단함을 함께 붙들고자 함이었다. 〈사랑이 되어요〉는 그런 어둠에서 밝음으로 나아가는 길을 열어 주고 있다.

설움 빛 창 너머 저기 예수의 집 헤아려 보네 나를 외면한 채 옆모습만 보이며 서 있는 십자가 헤아려 보네 별을 헤는 밤처럼 십자가를 헤는 밤 기억은 허공을 헤매다 일어서고 그대 눈동자 속 설움과 십자가에 매달리는 아들을 보며 흘리는 성모 마리아의 피 눈물 빗소리 바람소리로 고이네 그대 눈빛 안에 꿈길처럼 밟히는 고뇌 아득하게 비되어 내리네 우리 죽어 한 그루 태산목이 되어요 한 여름 장대비 속에서도 미소가 환한 사랑이 되어요 빗소리 설움에 감추어질 눈물 애써 숨기지 않아도 되는 그대의 산 그대의 강이 되어요 그러면 지나간 세월이 덜 아파질까요

—〈사랑이 되어요〉 전문

하였듯이 그가 보여주고자 하는 길은, 죽어서는 '태산목'이 되고픔이며 살아서는 어둠으로 가지 않는 일일 것이다.

시집 『수신 두절』에서 꼭히 구분을 지어 본다면 박이훈의 시적 감성은 두 갈래의 흐름을 보이고 있다. 지금까지의 해설에서 보여준 내적 관념과 사념 중심의 시들과 다음에서 보는 자연 혹은 자연의 형상적 조화와 인간의 삶을 어우르게 하는 기법 두 가지가 그 것이다. 어느 쪽이든 여기에서의 시들은 어떠한 삶의 암울성을 짙게 펼

쳐 놓고는 황량한 들녘을 지키며 피어나는 풀꽃 같은 생명력과 재생력을 맛보게 해 주는 특성을 지녔다. 서두에서 박이훈의 시를 예사롭지 않다 표현한 이유가 여기에 있다.

달빛보다 순한 흔들림
자리자리 쓰다듬어 누이던
바람 곱던 날
깊었던 봄의 문고리 흔들어
환한 웃음 보퉁이
소란소란 불러내던 날
봄비 찾아 와
가슴이란 가슴 모두
딛고 가던 날
꽃이 아닌 꽃, 너

—〈낙화 1〉 전문

꽃이 지는 것을 '달빛보다 순한 흔들림'으로 묘사한 것과 흙으로 가는 그 꽃들에 의해 밟히고 있었을 '가슴이란 가슴 모두'는 '꽃이 아닌 꽃, 너'로 표현되는 낱낱의 우리 인간이거나, 달리는 화자 그 자신을 일컫는 아름다운 싯귀이다. 그 뿐인가

언제나 여운을 남길 수 만은 없는 것
기적소리 같은 통증이 떨구어지고 있다.

산허리 감싸며 떠나는 시간
석양이 가져다주는 평온과 기억의 타진
불빛에 흔들리는 아득한 혼수
구름, 낮은 안개가 깊은 골짜기를 걸어간다.
피어나기만 하지 못하는 겹겹의 잉태들도
주름진 바람이 닿는 언덕을 넘어
서러운 이름들로 떠나고
흩뿌리는 꽃비 속 갇힌 혼절
그대가 녹아 젖는 봄 밤

—〈낙화 2〉 전문

낙화를 '기적소리 같은 통증'이 떨어진다 하였고 '흩뿌리는 꽃비 속 갇힌 혼절'이라 하였다. 화자는 여류시인이다. 그럼에도 담대한 표현이 여러 곳에서 보인다. 어쩌면 화자인 박이훈은 그 자신보다 더 젊은 시인인지도 모르겠다. 필자로서 한 번 내쳐본다면 〈낙화 1, 2〉는 이 시집에서는 가히 절정에 이르렀다 할 시편이다. 여기에 덧붙여 그의 등단작품이던 〈탑〉, 〈부석사 가는 길〉, 〈노을〉, 〈바람〉 등에서의 시적 감성들을 함께 감상 해보자.

기댈 곳 없었다 금오산 자락
하늘을 우러러
나신裸身으로 서 있는 너
눈길 한번 흔들림 없는
천 년의 꽃으로
절벽 한 모퉁이에 피어 있다

한숨소리 들리듯 꽃이 피고
인동초 꽃잎은 지고
쏟아져 내리는
그윽한 몸짓의 꽃 한 송이
놓아버릴 수 없던 애끊음도
절벽 한 너울에 서서
긴 침묵으로 숲을 세운다

—〈탑〉 전문

기댈 곳 없는 곳이 어디 금오산 자락뿐이랴… 세상은 어지럽고 첨단을 걷는 문명의 발길도 인간의 참모습을 지켜 주지 못하는 상실의 시대에서 〈탑〉의 모습은 부재의 반대쪽에 있는 나신(裸身)이며 '눈길 한 번 흔들림 없는 천 년의 꽃'이다. 이 시에서 화자는 '절벽'의 너울에 실려 있는 세상을 탄식하고 '긴 침묵'으로 '숲'을 곧추 세우는 바램, 즉 삶의 본모습을 그리고 있다. 현실에서의 탄식이 깊어지다 보면 시인의 눈길은 자연과 오랜 세월을 지키고 있는 특정한 사물 혹은 형체들을 돌이켜 내고 그 품을 전달하고자 하는 열망을 표하기도 한다. 박이훈도 예외 없이 〈부석사〉, 〈황룡사지〉, 〈산사…〉 등의 고착된 존재들에 사유를 비추면서 현실을 살아가는 사람들의 고뇌와 외로움을 대변하고 있는가 하면

토하다 토하다

마저 토할 수 없었던
황금빛
추락하는 계절
네 이파리
노랗게 물든 심장
발자국이런가
나래지던 슬픔
지천으로 떨어지는 길

—〈부석사 가는 길〉 전문

부석사 가는 길에는 낙엽만이 아니다. 수 없이 찾아갔다 돌아오는 그 많은 사람들의 삶마저도 '지천으로 떨어지는' 이파리 일 수 있음을 끊임없는 암묵으로 읊어내더니 마침내는

고요한 들녘에서는 바람도
차마 움직일 줄 모르나
…(중략)…
흔적 없는 무게를
내려놓은 곳
무거웠던가 세월로
가늠할 수 없는 짐들은 벗어
벌거벗은 들녘으로 엎드리게 하였네
…(하략)…

—〈황룡사지〉 부분

마냥 무거운 짐 벗어던지고 '벌거벗은 들녘'처럼 낮게 엎드린 빈터 혹은 고요한 들녘을 숙연히 받아들이기에 이르는 것이다.

이렇듯 박이훈의 주된 시적 감성은 시종일관 자연과 친밀한 연대감을 갖고 있다. 특히 이 시집에서의 시들에 바다와 파도, 노을 등을 끊임없이 끌어들이고 있으며 이들을 주제로 한 시들에서 시인으로서의 충실한 잠재력과 성실성을 내포하고 있다. 특히 〈파도 1〉에서의 '화안한 미소/오색 빛 언어를 밀쳐내며/지천을 삼키는/산다화 화알짝 피는 소리', 〈파도 2〉에서의 '아프기 위한 배움이었나/태어나면서부터/저 처절한 몸부림/그리움 하나, 둘/털썩/주저앉는 오늘'은 그가 앞으로 내비칠 시세계를 암시하기도 하는 것이다. 그렇기도 하거니와 석양과 일몰의 조요로운 풍광을 놓고 관조의 발길을 깊이 새긴 몇 편의 시들은 상실과 부재에 대한 암울성을 뛰어 넘는 넓은 시야를 보이기도 한다.

그대 가슴 속
천 길 낭떠러지 있어
일어나지 않는 바람 한 점 있어
이 겨울
가랑잎 뒹구는 산사

노을빛 까치밥
너무 깊은 것인가
품지 못한 그리움
그대 설움이
아픈 겨울을 저리 매달고 섰다

—〈노을 빛 까치밥〉 전문

노을빛 속 매달린 까치밥의 높이를 '그대 가슴 속 천길 낭떠러지'로 표현해내는 것이라든지 눈물 한 방울 흘리지 않고/노을 한 자락/이불로 펴보지도 못하고/(중략)/지고 마는 꽃인지도 모른다/(중략)/산다는 것은/(중략)/이별 준비도 없이/어느 순간 반쯤 젖 물린/그 바다의 일몰처럼…(〈손 흔들지도 모른다〉 부분) 떠나게 될 인생을 그려보기도 하면서 마침내는 노을을 '통증'과 '비명' '혈관'의 '파열' '상처가 꾸물거리는 고통' '지친 강물이 토해 낸 것'으로 묘사하면서 상실과 부재에 대한 시적 감성을 마음껏 토해내기에 이르는 것이다.

> 통증이 없었다 둔탁한 비명이 혈관을 파열시켜 검붉게 응고된 피멍 깊이 자리 잡은 발가락 그가 내게 준 건 신발이 아니라 상처가 꾸물거리는 고통이라는 것을 알았다 그 여름이 풀려나기 전 시작 된 발뒤꿈치의 통증은 그동안 지친 강물이 길을 잃고 헤매다 토해 낸 것인지도 모른다 결별의 길을 걸을 때마다 아파오던 발가락도 저 앞에서는 무통이었다 내가 그를 떠났을 때도 그랬다 발톱 두 개 만큼의 아픔이 저만치 거리에서

무너지더니 생채기 사이로 작게 살아나는 새싹처럼 다시 꿈틀거리기 시작하였다 저문 밤 그가 주고 간 신발 끝의 풍경이 방황의 반대편으로 번져가고 있었다.

—〈노을〉 전문

하는가 하면,

섬을 만났네 가랑잎 단풍 고운 너를 만났네
뚝뚝 떨어지는 빗방울 발길로 저문 바람
걸어가는 어깨너머 훅훅 뜨거운 열기 삼키는
깊은 네 한숨 소리
젖어드는 끄떡 않는 고집 하나
눈빛 고운 너를 만났네

—〈석양 1〉 전문

해 진 뒤 울고 있네
이별 후 남은 사랑이
주저앉는 자리
핏빛 그리움을 저리
달래고 있네

—〈석양 2〉 전문

봉숭아 꽃물 들이려
꽃잎을 으깨다
붉게 흐르는 개울을 만납니다.
…(중략)…
빈 손가락 사이로

구름 같은 그리움이 더 붉게
물들고 있습니다…

—〈일몰〉 부분

하였다.

박이훈의 첫 시집 『수신 두절』은 전체적으로 붉게 펼쳐진 저녁노을과 석양 무렵의 노스텔지어 톤이다. 그러나 그 어떤 것의 후미(後尾)를 의미함은 전혀 없이 여명을 떨치며 새벽을 달려오는 파도를 연이어 만나게 하여주는 창문(窓門) 같은 시집이다. 시 〈바람〉과 〈새벽 달〉이 그리 말해 달라 보채었다 하여도 과장의 말은 아닐 것이다.

영원永源한 것은
그냥 흔들리는 것이다
우리의 오늘은
집착의 새벽을 키우고
갈망의 고리는
밤마다 긴 성城을 쌓았다
흔적의 모퉁이로 사라진다
부서지지 않는 계단
무인無人의 광장
영원한 것은
그냥 흔들지 않는 것이다

—〈바람〉 전문

밤을 걸어 왔네
못다한 말
동그랗게 품어
저 마음 재촉하는 저문
발걸음 소리
자박자박 들리네
하얗게 여윈
서러운 마음 하나
산을 넘고 있네
그 빛 지우는 싸늘한
그리움

—〈새벽 달〉 전문

어떤 시를 쓸 것인가? 어떤 시를 읽을 것인가? 이 두 가지 자문(自問)은 늘 상존(相存)한다. 그러면서도 상반(相反) 되기도 한다. 이는 시를 쓰는 사람과 시를 읽는 사람을 구분 짓고자 하는 뜻에서의 말인 것은 아니다. 대개는 시를 쓰는 사람이 시를 어떻게 보는가에 따라서 시 한 편의 모습을 달리하게 하는 경우가 많은데, 어떤 시를 좋아라 읽을 것인가 하는 문제는 읽는 이의 몫인 것이며 어떤 시를 어떻게 읽히게 할 것인가 하는 문제는 쓰는 이의 몫이 될 것은 자명한 사실이다. 그렇다면 오늘날에 있어 좋은 시 선택의 주도권은 쓰는 입장에서의 사람들보다 읽는 입장에서의 사람들에게 더 많이 부여되어야 함이 옳을 것이다. 오늘날의 시가 읽는 이들을 위해 가져다 주어야 할 기능적 역할이 무엇인가를 보다 깊이 생각하면서 시인 박이훈의 시들이 머지않은 장래에 지금보다 더 단단한 발신 능력을 드러내며 다가올 날을 기대하여 본다.

박이훈 시인은 경남 밀양에서 태어났다. 계간 ≪해동문학≫으로 등단하여 문단 활동을 시작하였고, 한국방송통신대학교 국문학과를 졸업하여 현재 사회복지사(이메일: plh1022@hanmail.net)로 일하고 있다.

수신 두절

1판 1쇄·2010년 7월 30일
1판 2쇄·2010년 8월 15일
지은이·박이훈
펴낸이·서정원
펴낸곳·도서출판 전망
주　소·부산광역시 중구 중앙동3가 12-1 우편번호·600-013
전　화·051-466-2006
팩　스·051-441-4445
출판등록 제카1-166

값 7,000원

ISBN 978-89-7973-275-7
w441@chollian.net